Mongalvy

Du Conseil d'État

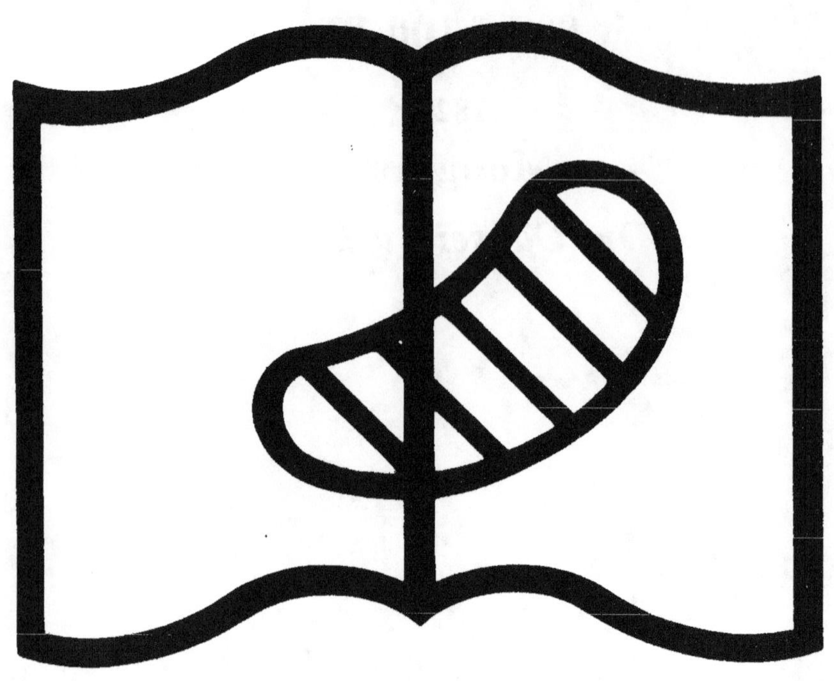

Symbole applicable
pour tout, ou partie
des documents microfilmés

Original illisible

NF Z 43-120-10

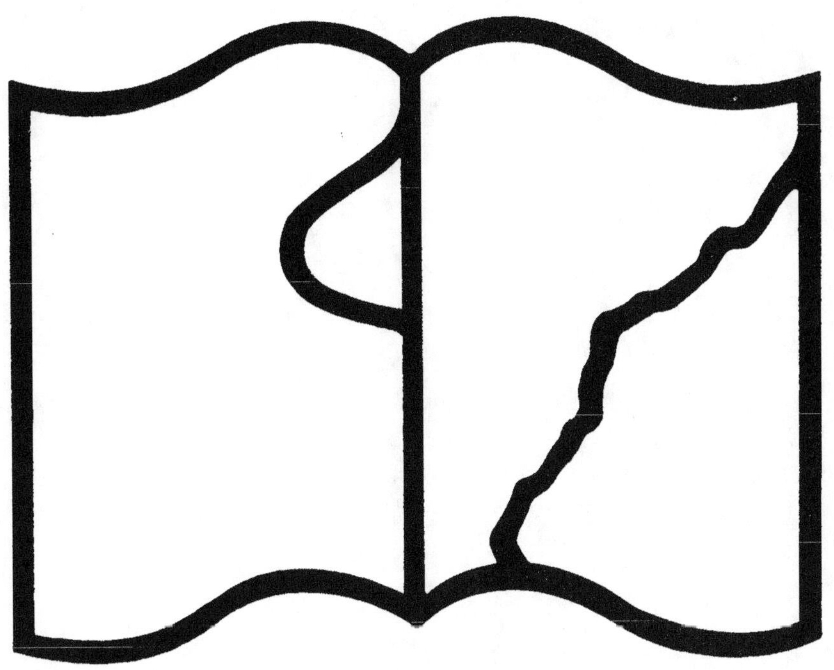

Symbole applicable
pour tout, ou partie
des documents microfilmés

Texte détérioré — reliure défectueuse

NF Z 43-120-11

DU

Conseil-d'État

mis en harmonie

avec les principes

DE LA

CHARTE CONSTITUTIONNELLE.

DU
CONSEIL-D'ÉTAT

mis en harmonie

AVEC LES PRINCIPES

de la

Charte Constitutionnelle.

Omnis potestas à lege.

PAR M. MONGALVY,

AVOCAT AUX CONSEILS DU ROI ET A LA COUR DE CASSATION.

PARIS.

RORET, ÉDITEUR,
QUAI DES AUGUSTINS, N° 17 BIS.

1828.

DU

Conseil-d'État

mis en harmonie

avec les principes

DE LA

CHARTE CONSTITUTIONNELLE.

———

Je ne tracerai point l'analyse historique des conseils qui se sont succédé depuis le berceau de la monarchie, jusqu'à celui qui disparut avec tant d'autres institutions dans le gouffre de la révolution. Il suffit de savoir que l'impossibilité où étaient les rois de France de remplir par eux-mêmes tous les objets de l'administration générale du royaume, les a toujours mis dans la nécessité de placer auprès de leur personne des sujets distingués par leur capacité et leurs lumières, sur lesquels ils se reposaient d'une partie des soins du Gouvernement, et que leur réunion formait ce qu'on appelait *le Conseil du Roi.*

Certes, ce ne serait point un ouvrage d'un minime intérêt que celui qui présenterait avec méthode et clarté l'influence plus ou moins grande que ces conseils ont exercée dans l'ordre politique : les élémens divers dont ils se composaient, et leurs points de contact avec la justice civile, au fur et à mesure que le développement de l'industrie et l'extension des relations sociales, en créant des intérêts nouveaux, ont fait sentir le besoin de juridictions nouvelles. C'est en effet dans le rapprochement et dans la combinaison du passé avec le présent que le flambeau de l'expérience jette sa précieuse clarté, et présente à tous les yeux l'enchaînement nécessaire des événemens, de leurs causes et de leurs résultats. Mais ce travail serait ici une digression purement scientifique et tout-à-fait inopportune, qui ne laisserait pas que de me détourner du but que je suis pressé d'atteindre.

Depuis long-temps l'existence du Conseil-d'État est l'objet de vives attaques : pour moi, je me garderai bien de me réunir à ses détracteurs, parce que je la crois utile à la conservation et au bonheur de la monarchie. Placé sur les degrés du trône, le Conseil-d'État peut en être tout à la fois le plus bel ornement et le plus ferme appui. Il peut prêter au Prince un secours efficace contre les entreprises de certaines doctrines qui seraient d'autant plus perverses qu'elles seraient spécieuses. Il peut défendre le Prince lui-même de ses propres erreurs, s'il était vrai qu'il se méprît sur ses véritables intérêts. Il peut enfin porter, sur toutes les parties de l'administration publique, cette sollicitude qui, sentinelle vigilante, en découvre les abus, et souvent les prévient. Comment dès-lors repousser une institution dont le bienfait peut être si grand! comment, sans un aveuglement extrême, ne pas rendre hommage à qui peut mériter, à si juste titre, la reconnaissance publique!

Toutefois, si l'existence du Conseil-d'État me semble devoir être conservée, en est-il de même de toutes les attributions qui lui sont départies? En d'autres termes : si le Conseil-d'État est à l'abri de toute critique dans ses rapports avec le Gouvernement, est-il également à l'abri de toute critique dans ses rapports avec les particuliers?

Quelques observations de fait doivent précéder celles que j'ai à présenter sur les graves questions de droit public que soulève l'examen auquel je vais me livrer.

OBSERVATIONS DE FAIT.

La constitution de l'an VIII venait de rétablir le Conseil-d'État.

« Sous la direction des consuls, porte son » article 52, un Conseil-d'État est chargé de ré- » diger les projets de lois et les réglemens d'ad- » ministration publique, et de résoudre les dif- » ficultés qui s'élèvent en matière administrative. » Cette loi déterminait bien avec précision les fonctions du nouveau conseil ; mais elle gardait le silence sur la distribution de la justice administrative, qui, après la suppression du conseil royal et des intendances, était tombée dans le domaine des districts, des administrations départementales, des divers comités des assemblées nationales, du directoire, et, en définitive, s'était réunie à l'administration active. Il résultait de là une confusion pleine et entière, dans les mêmes personnes, des attributions purement administratives et des attributions contentieuses, abus qui ne trouvait son excuse que dans la précipitation avec laquelle il avait fallu porter remède aux désastres qu'avait causés sur son passage le torrent de la révolution.

Tel était l'état des choses, lorsque les auteurs du réglement du 5 nivôse an **VIII**, croyant y apporter une salutaire innovation, enlevèrent aux ministres le droit de rendre la justice administrative, pour en placer l'exercice dans le sein du Conseil-d'État.

L'article 11 de ce réglement est ainsi conçu : « Le Conseil-d'État *développe le sens des lois*, » sur le renvoi qui lui est fait par les consuls des » questions qui leur ont été présentées. »

» Il prononce, d'après un semblable renvoi,

» 1°. *Sur les conflits* qui peuvent s'élever » entre l'administration et les tribunaux ;

» 2°. *Sur les affaires contentieuses*, dont la » décision était précédemment remise aux mi- » nistres. »

Ainsi, peu de temps après la constitution de l'an **VIII**, s'accrurent déjà les attributions du Conseil-d'État ; tout-à-l'heure elles vont prendre un bien plus grand développement.

A cette époque, la nation, remise à peine des fatigues d'une tourmente aussi longue et aussi douloureuse que celle qu'elle avait essuyée, adhérait avec une expression simultanée de confiance et d'espoir à tous les actes du consulat : aussi Bonaparte profite-t-il avec habileté de cet état d'abandon où il trouve les esprits.

Tourmenté de l'amour de la domination, il n'exerce plus le républicanisme qu'au profit de son ambition ; son imagination en délire lui présente un sceptre, et la conquête du monde entier : aussitôt il songe à sortir de la sphère étroite où il est retenu, et à se préparer les voies de l'Empire. Mais la distribution, établie par la constitution de l'an VIII, du pouvoir législatif en trois corps distincts, pouvant être un obstacle à ses projets, il prélude par retrancher le tribunat de la constitution, et augmente les attributions du Conseil-d'État de celles qui étaient assignées au tribunat.

Dès ce moment, le Conseil-d'État fut associé aux idées gigantesques de Bonaparte, et la république fit place à l'Empire.

Ce conseil, dans le sein duquel toute l'administration avait reflué, qui, sur la proposition de son chef, restait seul chargé de rédiger les projets de lois, de les défendre devant le Corps-Législatif, d'en donner l'interprétation en cas d'obscurité, effrayé de la multiplicité de ses divers travaux, et dans l'impossibilité de suivre, dans leurs détails parfois minutieux, l'instruction des affaires contentieuses, fit rendre le décret du 11 juin 1806, qui créa une commission du contentieux, et celui du 22 juillet suivant, qui indiqua la forme sommaire de l'instruction, du rapport et du jugement des affaires.

« Dans les circonstances où elle fût organisée,
» l'institution de la commission du contentieux,
» dit M. de Cormenin (1), fut un bienfait public.
» Les citoyens se rassurèrent; des avocats probes
» et éclairés défendirent leurs intérêts; les bu-
» reaux perdirent leur influence (2), et la com-
» mission se développa et s'affermit dans sa
» marche. Forcée de respecter les lois de la révo-
» lution, malgré la conviction de leur injustice,
» parce que le repos intérieur de la France, la
» fortune et les intérêts nouveaux d'un grand
» nombre de citoyens étaient attachés à leur con-
» servation, elle en adoucit les rigueurs; elle en
» rectifia l'application; elle en corrigea le prin-
» cipe; elle resserra de toutes parts les empiéte-
» mens administratifs; elle les renferma dans les
» bornes légales de leur compétence; et, après
» avoir défini et classé les différens pouvoirs, elle
» les ramena peu à peu au véritable esprit de
» leur institution. »

---

(1) *Voyez* un ouvrage fort important de M. de Cormenin : *Du Conseil-d'État comme conseil et comme juridiction*, p. 39.

(2) Le sort des affaires administratives et contentieuses était le plus souvent abandonné aux caprices d'un chef de bureau, à son ignorance, à sa corruption.

La chute de l'empire entraîna nécessairement celle du conseil impérial. Mais le 29 juin 1814, la sagesse du Roi créa un nouveau Conseil-d'État, différent du précédent, en ce que, n'étant pas, comme lui, placé dans la constitution, il n'était pas et ne pouvait pas être considéré comme pouvoir politique. Mais malgré cela, le nouveau conseil s'est arrogé certaines attributions de l'ancien. Il délibère encore aujourd'hui sur les conflits d'attribution entre l'autorité administrative et l'autorité judiciaire, sur les affaires contentieuses qui lui sont attribuées par les réglemens, et il propose l'interprétation de la loi, dans les cas prévus et dans les limites fixées par les lois. Ce sont ces attributions dont je vais essayer de démontrer l'illégalité.

Je ne terminerai cependant pas ces observations, que je regarde comme l'introduction nécessaire de la discussion qui va suivre, sans placer ici une dernière réflexion qu'il ne faudra pas perdre de vue. Lorsque le conseil impérial était en possession de ces différentes fonctions, il existait une conséquence peut-être naturelle entre la politique et les actes de son chef. En effet, toute l'administration, ainsi que je l'ai déjà dit, avait reflué dans le Conseil-d'État : là était le centre de tous les pouvoirs, de cette centralisation où les pouvoirs confondus n'en formaient plus qu'un seul, ne sortait nécessairement aussi qu'une seule volonté, et c'est cette volonté qui, partout la même, prononçait tout à la fois sur les conflits, sur les affaires administratives contentieuses, et sur l'interprétation de la loi.

Mais à l'heureuse époque de la restauration, où l'exercice de la puissance législative fut partagé entre le Roi, la Chambre des pairs et la Chambre des députés; où le pouvoir exécutif fut constitué et l'administration de la justice organisée; où tous les pouvoirs se trouvaient placés dans un équilibre tel, dit M. le président Henrion de Pensey, qu'aucun d'eux, pas même celui du Roi, ne pouvait franchir ses limites constitutionnelles (1), comment, dans cet état de choses, le Conseil-d'État a-t-il pu conserver ces attributions du conseil impérial ? C'est cette anomalie qui, comme je l'ai prouvé, pouvait se concevoir sous le dernier Gouvernement, au moyen de son système de centralisation, que je dénonce sous un Gouvernement représentatif, dont les élémens ont été si sagement combinés.

J'arrive maintenant à démontrer combien, sous le Gouvernement du Roi, sont illégales et con-

____

(1) *De l'Autorité judiciaire*, chap. 29, pag. 495.

traires aux principes proclamés par la Charte constitutionnelle, quelques-unes des fonctions dont le conseil impérial était investi.

Ces fonctions sont notamment celle qui, aux termes de la loi du 16 septembre 1807, consiste à interpréter la loi, et celle qui, aux termes du décret du 11 juin 1806, consiste à juger les affaires contentieuses.

Je vais traiter séparément de ces attributions.

§. Ier.

Le Conseil-d'Etat ne peut pas interpréter la loi.

Les rapports des hommes sont si étendus, et leurs intérêts si multipliés, que les lois positives ne sauraient prévoir toutes les hypothèses que mille circonstances inattendues peuvent faire naître dans le cours de la vie. Ainsi, dès-lors qu'elles ont fixé, par de grandes vues, les maximes générales du droit, et présenté les principes les plus féconds en conséquences, la tâche du législateur est remplie. Mais il peut arriver que les termes d'une loi soient obscurs, équivoques ou ambigus, de manière que cette loi n'ait aucun sens, ou que les termes de la loi étant clairs, le sens qu'ils expriment soit néanmoins tellement absurde que l'on puisse légitimement douter que le législateur eût rendu la loi, si, dans l'application, il en avait connu les résultats. Dans ces cas, il y a lieu à interprétation. Qui doit donner cette interprétation ?

C'est une maxime consacrée chez tous les peuples, et à toutes les époques de leur législation, que l'interprétation de la loi appartient au législateur : *legis interpretatio ei tantùm est permissa cui soli jus condendæ legis est.*

La justification d'une disposition si sage se puise dans la nature même des choses. En effet, le législateur crée la loi; l'étendue de la loi doit donc avoir pour mesure la volonté même du législateur qui l'a faite; d'où il suit que si elle sort de ses mains sous une forme qui ne la représente pas telle qu'il l'a conçue, elle est imparfaite et susceptible d'être interprétée par lui. Dès-lors, il est vrai de dire que cette interprétation est la véritable, qu'elle est même infaillible, car elle émane de celui qui a rendu la loi (1).

Justinien reconnut solennellement ce principe dans la loi 12, au Code *de Legibus*, §. Ier (2). Voici

---

(1) *Voyez* le savant *Traité de l'interprétation des Lois*, par M. Mailher de Chassat.

(2) L. 12, *de leg. et constit. principum et edictis*, §. 1.

ce que porte cette loi : « Ayant trouvé dans les
» anciennes lois qu'on avait douté si, lorsque
» l'empereur avait interprété une loi, on était
» tenu d'obéir à cette interprétation, cette sub-
» tilité nous a paru si ridicule, que nous avons
» cru devoir la condamner. Ainsi donc, nous dé-
» cidons que toute interprétation de loi donnée
» par l'empereur, soit sur requête, soit dans des
» jugemens, soit de toute autre manière, fera foi

Cùm igitur et hoc in veteribus legibus invenimus dubitatum, si imperialis sensus legem interpretatus est, an oporteat hujus modi regiam interpretationem obtinere : eorum quidem vanam subtilitatem tàm risimus, quàm corrigendam esse censuimus. Definimus autem omnem imperatorum legum interpretationem, sive in precibus, sive in judiciis, sive alio quocumque modo factam, ratam et indubitatam haberi : *si enim in præsenti leges condere soli imperatori concessum est, et leges interpretari solo dignum imperio esse oportet.* Cur autem ex suggestionibus procerum si dubitatio in litibus oriatur, et sese non esse idoneos vel sufficientes ad decisionem litis illi existiment, ad nos decurratur ? Et quarè omnes ambiguitates judicum, quas ex legibus oriri evenit, aures accipiunt nostræ, si non à nobis interpretatio mera procedit ? Vel quis legum ænigmata solvere, et omnibus aperire idoneus esse videbitur, *nisi is cui soli legislatorem esse concessum est ?* Explosis itaque his ridiculosis ambiguitatibus, tàm conditor quàm interpres legum solus imperator justè existimabitur. Nihil hâc lege derogante veteris juris conditoribus, quia et eis hoc majestas imperialis permisit.

» et sera considérée comme certaine. *Si en effet*
» *il appartient à l'empereur seul de rendre les*
» *lois, à lui seul il appartient de les interpréter.*
» Pourquoi a-t-on recours à nous, d'après l'avis
» des jurisconsultes, sur les difficultés qui s'é-
» lèvent dans les procès, lorsqu'ils se reconnaissent
» eux-mêmes insuffisans pour les terminer ?
» Pourquoi toutes les ambiguités que les juges
» découvrent dans les lois nous sont-elles sou-
» mises, si le droit de les interpréter ne nous est
» pas directement dévolu ? Qui paraîtra propre à
» résoudre les difficultés des lois, à découvrir
» leur véritable sens, *si ce n'est celui-là seul*
» *qui peut se dire législateur ?* Ainsi donc, écar-
» tant tous ces doutes ridicules, nous déclarons
» que l'empereur seul est l'interprète de la loi,
» comme il en est seul l'auteur ; n'entendant pas
» déroger, par la présente loi, aux interprétations
» des anciens jurisconsultes, parce qu'ils reçurent
» de la majesté impériale la faculté de les donner. »

C'était donc à Rome un principe incontestable,
qu'au législateur seul appartient le droit d'interpréter la loi.

En France, le même principe est généralement
reconnu par notre droit public, tant ancien que
nouveau. Seulement le mode d'après lequel l'in-

terprétation a eu lieu a dû varier suivant la forme et la nature du pouvoir dont émanait la loi (1).

Ainsi, sous l'ancienne monarchie, l'ordonnance de 1667 réservait au Roi seul le droit d'interpréter les lois.

L'article 7, titre 1er de cette ordonnance, portait que : « Si, dans le jugement des procès qui
» seront pendans aux parlemens, ou autres cours,
» il survient quelque doute ou difficulté sur l'exé-
» cution de quelques articles des ordonnances,
» édits, déclarations, et lettres-patentes, Sa Ma-
» jesté défend aux cours *de les interpréter*, mais
» veut qu'en ce cas elles aient à se retirer par-
» devers elle pour apprendre son intention. »

Pourquoi? parce qu'il fallait remonter jusqu'au Roi pour obtenir l'interprétation de sa volonté, puisqu'à cette époque le Roi, par les prérogatives de sa couronne, exerçait seul la plénitude du pouvoir législatif, en soumettant toutefois les ordonnances, édits ou déclarations qu'il portait,

---

(1) On peut consulter, sur l'objet de ce paragraphe, une brochure ayant pour titre : *Observations sur l'ordonnance du 1er septembre 1827, interprétative du réglement de 1723, relatif à la librairie ;* par M. Ch. Lucas, avocat à la Cour royale de Paris.

à la vérification et à l'enregistrement, dans les cours souveraines, après libre délibération (1).

Sous les formes différentes de gouvernement qui ont succédé à l'ancienne monarchie, depuis la constitution de 1791 jusqu'à la Charte, l'interprétation de la loi a toujours été donnée par le pouvoir dont elle était l'ouvrage.

Voici l'état de la législation française, relativement à la forme dans laquelle sont rendues les lois interprétatives.

La loi du 1er décembre 1790, qui crée la Cour de cassation, porte article 21 :

« Lorsqu'un jugement aura été cassé deux fois,
» et qu'un troisième tribunal aura jugé en der-
» nier ressort de la même manière que les deux
» premiers, la question ne pourra plus être agitée
» au tribunal de cassation, qu'elle n'ait été sou-

____

(1) Il est vrai que cette garantie des intérêts de la nation pouvait devenir illusoire, par suite des enregistremens forcés faits en présence du Roi, tenant lit de justice, ou de commissaires délégués ; mais du moins la résistance des parlemens, en faveur de laquelle se manifestait toujours l'opinion publique, les remontrances dont elle était accompagnée ou suivie, eurent presque toujours l'effet d'amener la révocation des lois nouvelles démontrées oppressives pour le peuple, ou contraires aux lois fondamentales du royaume. (Voyez *Maximes du droit public français*, tom. 2, chap. 5 et 6, et *Encyclopédie méthodique*, v° *Enregistrement des lois.*)

2.

» mise au Corps-Législatif, qui, en ce cas, por-
» tera un décret déclaratoire de la loi, et le tri-
» bunal de cassation s'y conformera dans son ju-
» gement. »

La constitution de l'an III suivit les mêmes erremens, et voulut (art. 256) que lorsqu'il était nécessaire d'interpréter une loi, même à l'occasion d'un cas particulier, par exemple, lorsqu'après un arrêt de cassation, le second jugement sur le fond était conforme au premier, la question fût immédiatement soumise au Corps-Législatif.

Enfin, la loi du 27 ventôse an **VIII**, art. 78, porte : « Lorsque, après une première cassation, » le second jugement, sur le fond, sera attaqué » par les mêmes moyens que le premier, la ques- » tion sera portée devant toutes les sections réu- » nies de la Cour de cassation. »

Mais cette dernière loi n'avait pas prévu le cas où, après une seconde cassation, un troisième tribunal d'appel jugerait comme les deux premiers. Or, il arriva souvent, depuis cette loi, que les tribunaux d'appel rendirent un troisième arrêt en opposition directe avec le premier et le second arrêt de la Cour de cassation.

C'est dans cet état que le gouvernement impérial fit adopter, le 16 septembre 1807, une loi qui lui attribua, dans ce cas, le droit d'interpréter la loi. Elle est ainsi conçue :

Art. 1er. « Il y a lieu à interprétation de la
» loi, si la Cour de cassation annule deux arrêts
» ou jugemens en dernier ressort, rendus dans
» la même affaire, entre les mêmes parties, et
» qui ont été attaqués par les mêmes moyens. »

Art. 2. « Cette interprétation est donnée dans
» la forme des réglemens d'administration pu
» blique. »

Art. 3. « Elle peut être demandée par la Cour
» de cassation, avant de prononcer le second
» arrêt. »

Art. 4. « Si elle n'est pas demandée, la Cour
» de cassation ne peut rendre le second arrêt
» que les sections réunies, et sous la présidence
» du grand-juge. »

Art. 5. « Dans le cas déterminé en l'article
» précédent, si le troisième arrêt est attaqué,
» l'interprétation est de droit, et il sera procédé
» comme il est dit à l'article 2. »

Le motif qu'employa l'orateur du Gouvernement pour faire adopter ces dispositions, fut que le droit d'interpréter la loi ne peut appartenir qu'à l'autorité qui en a l'initiative, et qui connaît parfaitement le but dans lequel elle l'a proposée;

et que le décret émané du Corps-Législatif est une loi à laquelle on donnerait un effet rétroactif en l'appliquant à une cause pendante.

Ce motif, ou plutôt ce prétexte qui pouvait paraître spécieux à une époque où le rôle des muets qui formaient le Corps-Législatif, se bornait à écouter les volontés du maître, était en réalité dénué de fondement.

D'abord, prétendre que l'interprétation de la loi appartenait à celui qui en avait l'initiative, était une violation du principe : *ejus est legem interpretari cujus est condere*, car la juste conséquence de cette prétention était que, dans ce cas, le Gouvernement avait l'initiative de la proposition d'interprétation. C'était donc un empiétement du pouvoir exécutif sur le pouvoir législatif. Quant à soutenir que le décret émané du Corps-Législatif est une loi à laquelle on donnerait un effet rétroactif, en l'appliquant à une cause pendante, on oubliait, sans doute à dessein, que la loi interprétative remonte, quant à ses effets, au jour même de la loi interprétée, et s'identifie avec elle ; car, ayant pour objet de déclarer que la loi interprétée a dû toujours être entendue dans un certain sens, et être exécutée d'une certaine manière, c'est au jour même où la loi interprétée a été rendue qu'il faut se reporter pour savoir comment elle a dû être exécutée. La raison en est que ce n'est pas faire une nouvelle disposition que d'expliquer une disposition déjà faite (1).

Mais nous ne sommes plus sous le régime où, comme l'observe M. de Cormenin (2), il y avait deux législateurs : le législateur de droit, dont les pouvoirs négligés, ou plutôt asservis, dormaient dans le sein d'une constitution morte, et le législateur de fait, dont le Conseil-d'État était l'âme et le vivant organe. Alors il était raisonnable que le Conseil-d'État interprétât les ambiguités de la loi, puisqu'au fond le Conseil-d'État était le seul, le véritable législateur : et toute inconstitutionnelle que pouvait être la marche du Gouvernement, l'interprétation qu'il donnait à la loi était conforme à la règle *ejus est legem interpretari cujus est condere.* Aujourd'hui un ordre de choses plus convenable à la dignité du trône et de la nation a succédé à tant d'arbitraire.

____

(1) *Voyez* Voët, sur le Digeste, tit. 14, de leg. *Ad præterita legem trahendam ratio dictat, quoties non tàm novi quid lege novâ injungitur, quàm potiùs dubiæ legis anterioris interpretatio fit.*

Gail, *Observationes practicæ*, lib. 2, observ. 9, n° 6, dit : *Constitutio, quando juris antiqui declaratoria est, concernit etiam præterita.*

(2) *Questions de droit administratif.*

La Charte constitutionnelle veut, dans son art. 15, que la puissance législative s'exerce collectivement par le Roi, la Chambre des pairs et la Chambre des députés; et, dans son art. 18, que toute loi soit discutée et votée librement par la majorité de chacune des deux Chambres. Aussi l'on se souvient que, dès la session des Chambres en 1814, le Roi fut supplié de présenter un projet de loi qui eût réservé exclusivement le droit d'interprétation, non plus au Gouvernement seul, mais *à la puissance législative*, c'est-à-dire aux trois autorités dont le concours est indispensable pour la formation de la loi.

La rédaction de ce projet de loi, après avoir été discutée dans le comité secret du 21 septembre, conformément aux formes prescrites, fut définitivement arrêtée dans la séance publique de la Chambre des députés, le 24 septembre 1814, dans les termes suivans :

« Art. 1ᵉʳ. Lorsqu'après la cassation d'un pre-
» mier arrêt ou jugement en dernier ressort, le
» second arrêt ou jugement rendu dans la même
» affaire, entre les mêmes parties, est attaqué
» par les mêmes moyens que le premier, la Cour
» de cassation prononce sur le point de droit,
» sections réunies, sous la présidence du chance-
» lier ou du garde-des-sceaux de France.

» Art. 2. Lorsque l'arrêt ou jugement des cours
» et tribunaux aura été cassé deux fois, si un
» troisième tribunal juge de la même manière
» que les deux précédens, et qu'il y ait, par les
» mêmes moyens, un pourvoi en cassation, il
» y a lieu à interprétation de la loi, et il en doit
» être référé au pouvoir législatif par la Cour de
» cassation.

» Art. 3. La déclaration interprétative des lois
» est donnée par le pouvoir législatif dans la
» forme ordinaire des lois.

» Art. 4. La loi interprétative ne change rien
» aux jugemens qui auraient acquis l'autorité de
» la chose jugée, et aux transactions arrêtées avant
» sa publication.

» Art. 5. Toute loi contraire aux dispositions
» ci-dessus est abrogée. »

La Chambre arrêta que cette résolution serait,
après un délai de dix jours, renvoyée à la Chambre
des pairs, où elle fut également adoptée, sauf
quelques amendemens (1). Mais arrivèrent les

______

(1) La commission chargée d'examiner ce projet de loi et
d'en proposer l'adoption, demandait qu'au lieu de ces mots de
l'art. 2 : *il doit en être référé au pouvoir législatif*, on substi-
tuât ceux-ci : *il en sera référé au ministre de la justice.* La
raison qu'elle donnait de cet amendement était que la Cour
de cassation ne devait point être mise en rapport direct avec

événemens du 20 mars, qui empêchèrent que cette résolution eût aucune suite.

De là quelques jurisconsultes ont conclu que la loi du 16 septembre 1807 était restée en vigueur, et ils tirent une preuve certaine de cette opinion, de la nécessité qui parut démontrée à la Chambre des députés, de supplier le Roi de présenter une proposition ayant pour objet l'abrogation de cette loi.

Quant à moi, je pense que la loi du 16 septembre 1807 a été abrogée *de plano* par la Charte, comme toutes les autres lois qui concernaient les attributions du conseil impérial ; et je fonde mon opinion sur l'article 15 de la Charte qui énumère les fractions de pouvoirs indispensables à la confection d'une loi, et sur l'article 68, qui porte que : « Le Code civil et » les lois actuellement existantes, *qui ne sont* » *pas contraires à la présente Charte*, restent

---

les deux Chambres ; que l'initiative n'appartient qu'au Roi, et qu'ainsi ce n'est qu'à lui que la demande en interprétation doit être déférée.

La commission écarta encore l'expression de *pouvoir législatif*, comme trop vague et trop abstraite. Elle proposa cette autre rédaction : *La déclaration interprétative est présentée, discutée, adoptée, et promulguée dans la forme ordinaire des lois.*

» en vigueur jusqu'à ce qu'il y soit légalement
» dérogé. »

Or, l'article 15 organise le pouvoir législatif
sur des bases nouvelles; il indique nominative-
ment et de la manière la plus explicite, les pouvoirs qui devront concourir à la formation des
lois. Au nombre de ces pouvoirs, ne figure
point le Conseil-d'Etat; bien plus, la Charte ne
lui assigne aucune place dans ses dispositions (1).
Dès-lors, comment comprendre que le droit d'interpréter la loi appartiendrait à un corps étranger à la législation, qu'aucune loi n'a créé ni
organisé, dont le nom, comme je le disais tout
à l'heure, ne figure pas une seule fois parmi les
pouvoirs publics reconnus par la Charte, et qui
ne doit la vie qu'à une simple ordonnance ?

Quant à l'article 68, il n'est pas moins tran-
chant. Comment concilier en effet des dispositions aussi diamétralement opposées que celles
qui résultent de l'art. 2 de la loi du 16 septembre 1807, et de l'art. 15 combiné avec le

______

(1) Etabli par la constitution, ce Conseil aurait formé un
pouvoir, et ce pouvoir hétérogène n'aurait pu que gêner les
mouvemens du corps politique. Ajoutons qu'un Conseil-d'Etat
qui devrait son existence à la constitution serait indépendant
du Prince, ce qui choquerait la prérogative royale. (M. Henrion de Pensey, *De l'Autorité judiciaire*, pag. 495.)

principe *ejus est legem interpretari cujus est condere?* Qui tenterait de composer un tout homogène, de parties si hétérogènes? N'est-ce donc pas plus que jamais le cas de recourir à cet axiome de droit, *impossibilium nulla obligatio?*

Il faut donc reconnaître que la loi du 16 septembre 1807 rompt l'unité et l'uniformité qui doivent être les bases de toute institution politique; qu'elle n'est plus en harmonie avec nos institutions, puisque le conseil impérial était un pouvoir reconnu par les constitutions de l'empire, et que le conseil du Roi est en dehors de la Charte; que, dans son art. 2 notamment, elle est formellement contraire à l'art. 15 de la Charte: d'où il suit qu'il y a lieu de lui appliquer les dispositions de l'art. 68, et de la considérer comme abrogée.

D'ailleurs, pour soutenir l'abrogation de la loi de 1807, ne peut-on pas argumenter, *à contrario sensu,* du motif qui fait penser à quelques jurisconsultes que cette abrogation n'existe pas. En d'autres termes, loin de soutenir que la nécessité qui a porté les deux Chambres à en demander l'abrogation formelle, soit une preuve certaine qu'elle existe encore aujourd'hui, ne peut-on pas prétendre que cette œuvre de la haute sagesse des Chambres est restée comme

une consécration solennelle de ce grand principe de notre droit constitutionnel, énoncé en
termes si clairs et si énergiques dans le rapport
de la commission de la Chambre des Pairs : *Que
la partie la plus caractéristique du pouvoir
législatif était l'interprétation de la loi qui
émanait de lui?* Et si, comme je le crois bien,
il en doit être ainsi, l'incompatibilité entre l'art. 2
de la loi de 1807, avec l'art. 15 de la Charte se
manifestant assez d'elle-même sans le secours du
commentaire, quel peut donc être le résultat nécessaire de cette incompatibilité, si ce n'est l'abrogation?

Malgré ces raisons qui devaient, sans contredit, prévaloir sous un régime où tous les
pouvoirs sont classés, où par conséquent il semblait impossible que l'un pût s'enrichir des dé-
pouilles des autres, et surtout qu'un corps en
dehors de la constitution pût, *de plano*, modifier et même annihiler les travaux des pouvoirs
constitués, le Conseil-d'État réuni en assemblée
générale, par ordre de M. le garde-des-sceaux,
*pour délibérer sur un projet d'ordonnance,
ayant pour objet le mode d'exécution de la
loi du 16 septembre 1807,* a rendu, le 17 décembre 1823, l'avis dont entre autres dispositions
on lit les suivantes :

« Considérant que le projet d'ordonnance ten-
» dant à limiter l'application de la loi du 16 sep-
» tembre 1807, et en supposant l'abrogation au
» moins partielle, il est indispensable d'examiner
» si cette loi est en effet abrogée ;

» Qu'on ne reconnaît que deux sortes d'abro-
» gations : l'abrogation tacite et l'abrogation ex-
» plicite ;

» Que la loi dont il s'agit n'a pas été abrogée
» dans cette dernière forme, puisque ni la
» Charte, ni les lois publiées avant ou depuis
» 1814, n'en ont prononcé la révocation ;

» Qu'au contraire, elle a été formellement
» confirmée par l'art. 440 du Code d'instruction
» criminelle :

» Considérant qu'il en est des dispositions par-
» ticulières de cette loi (du 16 septembre 1807),
» comme du système général qu'elle a établi ;

» Qu'à la vérité, selon son art. 2, l'interpréta-
» tion dont il s'agit doit être donnée dans la forme
» des réglemens d'administration publique ;

» Que, toutefois, cette disposition, limitée
» par les expressions mêmes qui l'énoncent, n'a
» pour objet que de fixer le mode de la délibéra-
» tion, et d'indiquer les corps de l'État qui doivent
» y participer ;

» Qu'elle ne change ni ne détermine le carac-
» tère de la décision;

» Que ce caractère est essentiellement indé-
» pendant de la forme dans laquelle la décision
» est donnée;

» Que cette décision étant accordée à l'occa-
» sion d'un procès, et pour lever l'obstacle qui
» en empêchait le jugement, et étant d'ailleurs
» rendue par le Roi, chef suprême de l'État, et
» source première de la justice, n'est qu'une
» interprétation judiciaire qui n'a ni le caractère
» ni les effets d'une interprétation législative,
» que l'intervention de l'autorité législative pour-
» rait seule lui attribuer;

» Que cette interprétation, légalement bornée
» au cas particulier pour lequel elle a été donnée,
» n'est pas la règle nécessaire de tous les cas
» analogues, en quoi elle diffère essentiellement
» de la loi;

» Que, par conséquent, la disposition qui vient
» d'être examinée, n'a rien de contraire aux pré-
» rogatives de l'autorité législative, ni à la Charte
» qui les a réglées;

» Que dès-lors la loi du 16 septembre 1807
» n'étant abrogée ni en totalité ni en partie,
» rien ne s'oppose à ce qu'elle continue de re-
» cevoir son exécution;

» Est d'avis :

» 1°. Que la loi du 16 septembre, relative à
» l'interprétation des lois, est parfaitement com-
» patible avec le régime constitutionnel établi
» par la Charte;

» 2°. Que le Roi peut et doit, dans les cas
» prévus, et dans les formes déterminées, exé-
» cuter les dispositions de cette loi;

» 3°. Qu'il n'est besoin d'aucune mesure ré-
» glementaire pour assurer cette exécution. »

On remarque d'abord que cet avis part d'un
principe erroné. J'ai en effet démontré que l'a-
brogation de la loi de 1807 résultait implicite-
ment des art. 15 et 68 de la Charte. On ne lit
point, il est vrai, dans les dispositions qu'elle renferme, ces termes formels : *La loi du 16 septembre 1807, relative à l'interprétation des lois
judiciaires, est abrogée;* mais, comme le remarque très-bien le Conseil-d'Etat dans cet avis, *on
ne reconnaît que deux sortes d'abrogations :
l'abrogation tacite et l'abrogation explicite.*

L'abrogation de la loi est explicite, lorsque la
loi nouvelle prononce d'une manière générale
l'abrogation des lois précédentes relatives à la
matière dont elle s'occupe, ou nommément telle
et telle loi. Elle est tacite, 1° lorsque les disposi-

tions qu'elle renferme sont évidemment contraires à celles des lois antérieures ; 2° lorsque l'ordre de choses pour lequel la loi antérieure avait été établie, a cessé d'exister : *Cessante ratione legis, cessat lex ipsa.* Or, s'il fut ordonné par la loi de 1807 que l'interprétation des lois serait donnée dans la forme des réglemens d'administration publique, cette loi ne violait qu'en apparence le principe *ejus est legem interpretari*, etc., tout en le maintenant en réalité, puisque, comme je l'ai déjà dit, la confection des projets de lois était alors attribuée au Conseil-d'Etat (art 15, sénatus-consulte du 28 floréal an 12, constitutions de l'Empire); et le Corps-Législatif ne pouvant amender ces projets qu'il avait seulement le droit d'approuver ou de rejeter, c'était plutôt au Conseil-d'Etat qu'il appartenait d'interpréter les lois dont il était le seul, le véritable rédacteur, et plus capable par conséquent d'en saisir l'esprit, qu'à une ombre de Corps-Législatif. Il est donc constant que le motif de la loi de 1807 a dû s'évanouir aux clartés du régime constitutionnel, puisque, sous l'empire de la Charte, le Conseil-d'Etat est étranger à la confection des lois.

Quant à l'art. 440 du Code d'instruction criminelle, ainsi conçu : « Lorsqu'après une pre-

» mière cassation, le second arrêt ou jugement
» sur le fond sera attaqué par les mêmes moyens,
» il sera procédé selon les formes prescrites par
» la loi du 16 septembre 1807, » il importe peu
qu'il ait formellement confirmé cette dernière
loi, si, comme je crois l'avoir prouvé, elle a été
abrogée par la constitution de 1814; car la promulgation du Code d'instruction criminelle ayant
eu lieu le 27 novembre 1808, l'art. 440 se trouve
antérieur de six années à la Charte : d'où il suit
qu'il doit suivre le sort de la loi de 1807. C'est
au surplus le vœu de la maxime *Posteriora de-
rogant prioribus.*

On remarque encore que cet avis est surtout
inconstitutionnel sous le rapport judiciaire. A la
vérité, toute justice émane du Roi; mais en conclure qu'au Roi seul appartient le droit de donner
l'interprétation d'une loi judiciaire, est une grave
erreur : car le Roi n'est pas juge; il ne s'immisce
dans le fait de la justice qu'en nommant et insti-
tuant les juges, et en faisant exécuter les jugemens; mais il n'aurait même pas le droit de créer
de nouveaux tribunaux, ou de modifier l'organisation de ceux qui existent. L'art. 59 de la Charte
rend un solennel hommage à cette vérité, en
disposant que les cours et tribunaux ordinaires
existans à l'époque de sa promulgation sont

maintenus, et qu'il n'y sera rien changé qu'en vertu d'une loi.

« Par quels motifs, dit le docte et vénérable
» M. Henrion de Pensey (1), le Roi s'est-il im-
» posé l'obligation de déléguer l'exercice de l'au-
» torité judiciaire? On ne peut pas s'y mépren-
» dre : c'est que, dans sa profonde sagesse, il a
» reconnu que la réunion, même partielle, de
» l'autorité judiciaire, de la puissance législative
» et de la puissance exécutive, n'était jamais sans
» de graves inconvéniens. A la vérité, ces incon-
» véniens sont moindres à l'égard des deux Cham-
» bres, par la raison qu'elles sont étrangères au
» pouvoir exécutif; mais le principe n'en serait
» pas moins altéré, puisqu'elles concourent à la
» confection des lois : et d'ailleurs, si elles avaient
» la faculté de se constituer en tribunal, les ci-
» toyens qui se verraient traduits devant des
» juges auprès desquels les lois n'auraient ni gar-
» diens, ni vengeurs, pourraient concevoir des
» inquiétudes. En effet, ce tribunal, qui ne ren-
» drait compte de ses jugemens à aucune auto-
» rité supérieure, serait, par le fait, au-dessus
» des lois, puisqu'il lui serait libre de ne les ap-
» pliquer que quand il voudrait, et comme il lui

____

(1) *Traité de l'autorité judiciaire*, chap. 4, pag. 134.

3.

» plairait ; et ce qui serait encore plus alarmant,
» en vertu du droit d'empêcher, qui lui appar-
» tient comme législateur, il serait le maître de
» paralyser toutes les mesures que les autres
» branches de la législature croiraient devoir
» prendre pour réprimer les excès qu'il pourrait
» commettre comme juge. »

Les citoyens perdraient donc la plus forte garantie de la conservation de leurs droits, si le
prince pouvait tout à la fois appliquer la loi
comme juge, la modifier comme législateur, et
faire exécuter le jugement comme chef du pouvoir exécutif.

S'il était possible de consacrer le principe,
qu'au Roi seul appartient le droit de donner l'interprétation judiciaire, qu'arriverait-il ? C'est
qu'en définitive le garde-des-sceaux pourrait à
volonté casser les arrêts des cours souveraines,
tout seul, et avec la simple assistance de quelques
conseillers d'Etat qu'il choisirait lui-même, et
dont il ne serait pas même tenu de suivre les
avis. Le garde-des-sceaux deviendrait ainsi juge
de la question ; il pourrait faire seul, disait M. le
duc Decazes (1), ce qu'il n'aurait pu faire comme

____

(1) *Moniteur* du 3o mars, *Discours de M. Decazes sur l'avis
du Conseil-d'Etat du 17 décembre 1823.*

présidant les sections réunies de la Cour de cas-
sassion ; il prononcerait en quelque sorte un jugement souverain, quoiqu'il soit amovible et res-
ponsable ; et si l'interprétation devenait nécessaire sur une poursuite ordonnée par lui, en vertu
du pouvoir qui lui appartient, il se trouverait être
en même temps juge et partie. La justice administrative commettrait alors une usurpation de
pouvoir ; car, aux termes de l'article premier du
Code d'instruction criminelle, le droit de prononcer des peines corporelles, pour contraven-
tion aux ordonnances ou réglemens d'administration publique ou locale, n'appartient qu'aux fonc-
tionnaires auxquels l'action publique est confiée,
c'est-à-dire aux officiers du ministère public, qui,
bien certainement, ne sont pas des délégués de
l'autorité administrative.

Il faut donc conclure sur ce point, avec le savant magistrat que je citais tout à l'heure, « que
» toute justice émane du Roi, mais qu'il n'en est
» pas l'organe ; qu'elle s'administre en son nom,
» mais qu'il n'en est pas l'administrateur ; qu'il
» en est la source, mais que les justiciables ne
» la reçoivent pas immédiatement de lui ; qu'elle
» ne peut se répandre sur eux que par des ca-
» naux intermédiaires ; en un mot, que la justice
» ne peut être rendue que par des hommes aux-

» quels le Roi confère le caractère de juge, et la
» loi le privilége de l'inamovibilité (1). »

Ce qu'on peut enfin reprocher à l'avis de 1823,
c'est d'avoir dit que l'article 2 de la loi de 1807
n'indiquait *qu'une interprétation accordée à
l'occasion d'un procès, et bornée à ce cas particulier, et non une règle générale et nécessaire
pour tous les cas analogues.* Ainsi, il maintient
la disposition de la loi de 1807, et il ne conserve
pas tout entière l'attribution que cette loi con-
férait au Conseil-d'Etat, quand le texte et l'esprit
de cette loi voulaient que l'interprétation fût
donnée dans la forme législative, et qu'elle s'ap-
pliquât, tant au cas pour lequel elle était requise,
qu'à tous les cas semblables : ainsi, dans le système qu'il a adopté, l'avis de 1823 est inconsé-
quent avec lui-même. C'était en effet comme chargé, sous le règne antérieur à la restauration, de
la rédaction des lois, qui ensuite étaient adoptées
ou refusées, sans modification possible, de la
part du Corps-Législatif, que le Conseil-d'Etat avait
été appelé, par la loi de 1807, à interpréter ce
qui était son ouvrage. L'interprétation prévue
par la loi de 1807 avait donc le caractère législatif.

____

(1) *Traité de l'autorité judiciaire*, chap. 3, pag. 133.

L'interprétation des lois judiciaires se fait de deux manières qu'il ne faut pas confondre.

La première est celle qui consiste, soit à saisir le vrai sens de la loi, soit à le suppléer en cas de silence ou d'insuffisance de ses dispositions ; elle appartient aux juges, aux arbitres, aux jurisconsultes : c'est là l'interprétation doctrinale.

La seconde consiste à résoudre tous les doutes, et à fixer le sens d'une loi, lorsque son obscurité est constatée par une dissidence persévérante entre les Cours royales et la Cour de cassation. Elle a lieu par forme de disposition générale ; elle est obligatoire pour les citoyens et pour les tribunaux. C'est là l'interprétation générale ou réglementaire : elle doit être l'œuvre du législateur, à qui seul il appartient de s'élever à de plus hautes considérations, pour saisir la liaison intime du droit privé avec le droit public, et pour faire concorder l'intérêt national avec le vœu de la jurisprudence.

Il n'existe réellement que ces deux espèces d'interprétations. La loi n'en reconnaît point d'autres. Celle que crée l'avis du Conseil-d'Etat de 1823 est, par les motifs que j'ai précédemment développés, illégale et inconstitutionnelle ; elle ne tend à rien moins qu'à détruire l'harmonie que la Charte a placée entre les pouvoirs qui composent notre système politique : il ne faut pas oublier que la véritable base des monarchies est dans le respect le plus profond pour l'ordre légal, et que, par ces mots *ordre légal*, on comprend toutes les garanties que la constitution de l'Etat a données au maintien et au libre exercice des pouvoirs publics.

Je terminerai ce premier paragraphe par quelques mots sur l'ordonnance du premier septembre 1827, que l'on peut regarder comme l'exécution exclusive du système renfermé dans l'avis du Conseil-d'Etat de 1823.

D'abord, cette ordonnance, en admettant que l'art. 2 de la loi de 1807 et l'art. 440 du Code d'instruction criminelle soient toujours en vigueur, et c'est ici une concession de pure argumentation, est illégale en la forme. Ne faudrait-il pas en effet que l'interprétation eût été donnée dans la forme des réglemens d'administration publique, c'est-à-dire, par un avis préalablement délibéré par l'un des comités, puis arrêté par tous les comités réunis, et enfin soumis à l'approbation du chef de l'Etat, qui peut refuser de le signer, mais qui ne peut en altérer la substance, soit en lui substituant sa propre volonté, soit simplement en le modifiant. Ainsi, sous le Gouvernement antérieur à la Charte, voici ce qui se pratiquait : s'agissait-il d'une interprétation de loi à donner, l'avis du Conseil-d'Etat était conçu en cette forme : « *Le Conseil-d'Etat qui, d'après le* » *renvoi ordonné, etc., considérant que, etc.,* » *est d'avis que, pour l'exécution de tel article* » *du Code de, etc. Approuvé à. . . . . , le. . .* » *. . . 1809. Signé,* NAPOLÉON. Ne s'agissait-il plus d'une interprétation de cette nature, le décret prenait la place de l'avis du Conseil-d'Etat, et était ainsi conçu : « *Napoléon. . . . ., sur le rapport* » *de notre ministre, etc.* »

D'après ce, il est facile de voir que l'ordonnance interprétative de 1827 ne se conforme en rien au vœu de l'art. 2 de la loi de 1807 ; sa forme est celle d'une simple ordonnance contre-signée d'un ministre, au lieu d'un avis du Conseil-d'Etat approuvé par le Roi. Voilà donc, quant à sa forme, en quoi consiste son illégalité.

Mais, indépendamment de son illégalité, l'ordonnance du premier septembre 1827 est en elle-même inconstitutionnelle, en ce que, 1° elle introduit le régime des ordonnances sur des matières de législation, qui, d'après l'art. 15 de la Charte, sont dans le domaine exclusif du pouvoir législatif ; et 2° en ce qu'elle viole l'art. 14, qui porte que les ordonnances du Roi n'ont pour objet que l'exécution des lois et la sûreté de l'Etat.

Ce droit de faire des réglemens et ordonnances est placé dans les attributions exclusives du prince, parce qu'au prince seul appartient le pouvoir exécutif, et que ce droit, indispensable pour faire exécuter les lois d'une manière uniforme, est inhérent à la puissance exécutive; mais il ne s'étend pas sur les autres branches du pouvoir législatif, autrement la couronne exercerait seule en France le droit de la législation : ce qui présenterait une violation manifeste des principes qui doivent diriger l'administration dans notre gouvernement représentatif.

Ces ordonnances, dont parle l'art. 14 de la Charte, diffèrent essentiellement des lois, en ce que, outre qu'elles ne contiennent ordinairement que le mode d'exécution d'une loi antérieure, elles peuvent être changées ou révoquées par le Roi, qui ne peut changer ni abroger les lois qu'avec le concours des deux Chambres, et dans les formes constitutionnelles.

Ainsi donc, qu'on suppose que la Charte ait maintenu les art. 2 de la loi du 16 septembre 1807 et 440 du Code d'instruction criminelle, ou au contraire qu'elle les ait abrogés dans les deux cas, il sera vrai de dire que l'ordonnance de 1827 n'est susceptible d'aucune exécution possible, parce que, d'une part, elle n'a pas été donnée, conformément à la loi de 1807, dans la forme des réglemens d'administration publique, et que, de l'autre, s'il appartient au Roi seul de rendre des ordonnances pour l'exécution des lois, il n'en est pas ainsi du droit de les interpréter, parce qu'il n'appartient qu'aux volontés qui font les lois d'en émettre des interprétations obligatoires, suivant la maxime déjà citée : *ejus est legem interpretari cujus est condere.*

§. II.

Le Conseil-d'Etat ne devrait pas être un tribunal administratif.

S'il est une amélioration depuis long-temps desirée dans notre Gouvernement, c'est assurément celle qui aurait pour effet d'enlever au Conseil-d'Etat la juridiction administrative, pour la placer dans un tribunal administratif supérieur, dont les membres seraient inamovibles, et dont les jugemens rendus au nom du Roi, comme ceux des tribunaux ordinaires, seraient en dernier ressort et exécutoires par eux-mêmes, sans le secours de la sanction royale.

Un tel bienfait porterait avec lui d'immenses avantages, s'il est vrai qu'une des plus puissantes garanties du citoyen réside dans une bonne administration de la justice. Déjà dans la distribution de la justice civile, les Français trouvent l'exercice de leurs droits et le maintien de leurs propriétés pleinement assurés; pourquoi, dans la distribution de la justice administrative, ne rencontreraient-ils pas la même sécurité? Pourquoi la justice civile et la justice administrative ont-elles depuis si long-temps des poids et des mesures si disproportionnés? Sans doute, elles veulent des règles différentes; et la législation administrative, encore empreinte du vice des temps orageux qu'elle a traversés, sera cause que le tribunal administratif n'atteindra pas, à sa création, toute la régularité des tribunaux ordinaires; mais des ministres que guidera le seul amour du bien public, comprendront que cette institution nouvelle est en harmonie avec l'esprit de la Charte, les règles de la justice, les intérêts du prince et de la nation, et amèneront alors avec autant d'habileté que de prudence une réforme salutaire; ils sentiront qu'une législation plus uniforme et mieux appropriée au besoin des temps présens, doit désormais remplacer cette jurisprudence mouvante au gré des localités, et qu'il importe aujourd'hui de substituer à l'arbitraire un ordre de choses plus légal, mieux coordonné, et plus propre à la nature de notre constitution politique.

Vainement dirait-on que les conseils précédens, l'ancien conseil royal et le conseil impérial exerçaient cette juridiction.

Je répondrais qu'il ne s'agit pas d'établir de parallèle entre ce qui était autrefois, et ce qui devrait être aujourd'hui, et de rechercher les motifs qui ont empêché jusqu'à ce jour l'établissement d'un tribunal administratif supérieur; mais qu'il faut toujours saisir les améliorations qui tendent au bien-être général, les examiner avec toute l'attention qu'elles méritent, et les mettre en pratique, dès que la nécessité en paraît démontrée.

Mais pourquoi l'existence de cette juridiction réorganisée serait-elle si étroitement unie à celle du Conseil-d'Etat? Sous l'ancienne monarchie, le Conseil des parties, auquel a succédé la Cour de cassation, était au nombre des cinq principaux départemens qui composaient le Conseil-d'Etat; conviendrait-il aujourd'hui de l'y replacer? Il ne faut pas considérer les institutions des temps passés dans leurs rapports avec les institutions des temps présens, sans comparer entre elles les circonstances qui leur ont donné le jour. Les maximes de la morale sont invariables, parce qu'elles sont de tous les temps et de tous les lieux; mais celles de la politique doivent changer ou se modifier suivant la forme des gouvernemens. Jamais les mœurs d'un siècle n'ont été celles du siècle qui l'a précédé, ni de celui qui l'a suivi. Cette révolution, qui est dans l'ordre des choses, a été remarquée chez tous les peuples. Tel est, au surplus, le sort des choses humaines, que rien ne peut leur assurer une existence durable.

S'il existe des partisans de l'organisation actuelle du Conseil-d'Etat remplissant les fonctions de tribunal administratif, c'est qu'ils voient, par leurs souvenirs, les besoins d'une autre époque; c'est qu'ils dirigent leurs méditations sur des idées étrangères au principe de tout gouvernement représentatif; c'est, surtout, qu'ils confondent deux choses essentiellement distinctes, savoir : l'administration proprement dite, et l'administration contentieuse. Je dis que cette distinction est essentielle, et il faut le prouver par un exemple.

L'administration proprement dite n'exerce point le pouvoir juridictionnel; elle ordonne, règle et dispose; elle agit seule, souvent de son propre mouvement, et toujours sous sa propre responsabilité, pour garantir et procurer l'exécution des lois par les réglemens et ordonnances que cette exécution rend nécessaires.

L'administration contentieuse commence où s'arrête l'administration proprement dite; c'est-à-dire, que s'il intervient une décision sur un point contesté, ce n'est plus puissance d'exécution, mais bien exercice de la juridiction. La contestation peut s'engager entre deux ou un plus grand nombre de particuliers, comme elle peut s'engager entre ceux-ci et le Gouvernement, sur un droit quelconque : *Le Gouvernement plaide alors devant l'administration contentieuse, comme personne privée.*

On pressent déjà tout le désavantage que cette distinction va porter aux partisans de l'organisation actuelle du Conseil-d'Etat exerçant juridiction.

En effet, je viens de dire que lorsqu'un débat s'élevait entre le Gouvernement et un ou plusieurs particuliers, sur un point dont la connaissance n'était pas du domaine des tribunaux ordinaires, c'était devant l'administration contentieuse que comparaissaient ces particuliers et le Gouvernement, devenu, pour cette circonstance, personne privée.

La conséquence de cette comparution fait naître cette question : Lorsque le Gouvernement contracte avec un particulier, peut-il être juge de ce contrat qui l'engage comme partie?

« Si j'interroge l'équité naturelle, dit M. de

Cormenin (1), si j'ouvre les lois civiles, elles me répondent qu'une partie ne peut se juger elle-même.

» Quelles sont donc ces puissantes considérations qui imposent au Gouvernement, d'une voix si haute, la nécessité de retenir le jugement des affaires contentieuses? Est-ce que l'intérêt de l'administration y dominerait tellement, qu'il dût faire pencher en sa faveur la balance de la justice? Est-ce que toutes les garanties des citoyens doivent lui être sacrifiées? Cela peut être la raison du plus fort; mais ce n'est pas assurément la raison de la justice, de la vérité, de la nécessité.

» Si le Gouvernement doit retenir la décision des affaires contentieuses, par cette seule raison que l'intérêt de l'État y domine, pourquoi ne retient-il donc pas aussi toutes les questions de l'impôt indirect qui touchent aux sources de la fortune publique, et toutes ces autres questions si diverses, si multipliées, si importantes, qui touchent à la propriété du domaine de l'Etat, et qui sont soumises aux tribunaux par les administrations des domaines, des droits-réunis, des douanes, des eaux et forêts, et de l'enregistre-

______

(1) *Du Conseil-d'Etat, envisagé comme conseil et comme juridiction*, pag. 138.

ment? L'intérêt de l'État, l'importance des matières, sont donc, comme on le voit, des objections plus spécieuses que solides. »

C'est malheureusement une idée qui a jeté, dans quelques esprits timides, des racines trop profondes pour être promptement extirpées, qu'au Roi seul appartient le droit de juger toutes les affaires contentieuses de l'administration. Le pouvoir de juger ces sortes d'affaires, dit-on, est une dépendance du pouvoir exécutif : or, le pouvoir exécutif réside exclusivement dans les mains du Roi; conséquemment, ne pas laisser au Roi le pouvoir de juger, c'est détacher une branche de l'arbre dont elle fait partie.

Qui ne sent que cette objection repose sur une confusion d'idées faciles à éclaircir?

Il faut effectivement distinguer deux espèces de lois : les unes règlent des points d'administration ou de finances ; les autres, d'une nature différente, proclament des droits ou établissent des peines. Les premières n'ont pas besoin d'intermédiaires, elles sont exécutoires sur-le-champ, et le Roi ou ses agens s'en saisissent directement. Les secondes ne sont pas susceptibles d'une exécution aussi immédiate. Il faut, entre le pouvoir qui fait ces lois, et le pouvoir chargé de leur exécution, un intermédiaire éclairé et indépendant, qui, placé entre le Prince et ses sujets, en dirige l'application.

Sans doute, c'est au Roi, en qui seul réside la puissance exécutive, qu'il appartient, exclusivement à tout autre pouvoir, de faire exécuter les lois dans tous les cas auxquels s'appliquent leurs dispositions. Mais si cette application paraît douteuse; si des contestations s'élèvent pour savoir si c'est par telle ou telle loi que doit être réglé un fait arrivé; de même, s'il est incertain si le fait auquel on veut appliquer une loi quelconque, existe ou n'existe pas, dans ces diverses occurrences, il n'appartient plus au Roi de lever ces doutes, de juger ces contestations, et de détruire cette incertitude. Autrement, il déterminerait lui-même les cas dans lesquels il peut et doit agir; et que deviendrait alors ce principe conservateur des fortunes privées : *Si la justice émane du Roi, elle s'administre en son nom par des juges qu'il nomme et qu'il institue?* Il ne faut pas s'y méprendre : de ce que le Roi nomme et institue les juges, il ne s'ensuit pas que ceux-ci soient ses mandataires proprement dits. Pourquoi cette prérogative lui est-elle confiée? C'est parce qu'étant le pouvoir le plus élevé, toutes les classes qui composent l'ordre social, sont placées sous ses yeux comme autant de tableaux synoptiques, où il peut facilement découvrir ces hommes aux mœurs simples et graves, aux habitudes modestes, qui distinguent si éminemment le magistrat véritablement digne de ce nom. Mais une fois nommés, les juges tiennent leurs pouvoirs de la loi ; ils sont si peu les mandataires du Prince, que celui-ci ne peut les révoquer, et que la loi leur ordonne, sous peine de forfaiture, de prononcer entre lui et ses sujets.

Ainsi, cette maxime : *toute justice émane du Roi*, doit être entendue dans ce sens que : *ceux-là n'ont pas le droit de rendre la justice, qui n'en ont pas reçu la mission du Roi*, et non dans celui qui ferait du souverain, le maître des lois et des jugemens ; car, pour me servir de l'expression d'un savant criminaliste (1), la justice ne serait plus *que l'exercice régularisé du droit du plus fort*.

Voici en quels termes Montesquieu consacre ces principes (2) :

« Dans les états despotiques, le prince peut
» juger lui-même ; il ne le peut dans les monar-
» chies : la constitution serait détruite ; les pou-
» voirs intermédiaires dépendans, anéantis ; on

____

(1) M. Bérenger, dans son ouvrage *De la Justice criminelle*.

(2) Liv. 6, chap. 5.

4.

» verrait cesser toutes les formalités des juge-
» mens ; la crainte s'emparerait de tous les es-
» prits ; on verrait la pâleur sur tous les visages ;
» plus de confiance, plus d'honneur, plus de sû-
» reté, plus de monarchie.

» Les jugemens rendus par le prince, conti-
» nue-t-il, seraient une source intarissable d'in-
» justices et d'abus ; les courtisans extorqueraient,
» par leur importunité, ses jugemens. Quelques
» empereurs romains eurent la fureur de juger :
» nuls règnes n'étonnèrent plus l'univers par leurs
» injustices. »

Ce que dit ici ce grand publiciste, se pratiquait
déjà dans le quatorzième siècle. On peut consulter
à cet égard *les preuves des mémoires des pairs* (1),
et *les lettres sur les anciens parlemens* (2).
On y verra que dans le procès de Jean de Mont-
fort, duc de Bretagne, en 1378, et dans celui de
Charles II, roi de Navarre, en 1386, l'un et
l'autre accusés de félonie, la présence des rois
Charles V et Charles VI donna lieu à des protes-
tations de la part des pairs de France.

Le duc de Bourgogne, doyen des pairs de
France, représenta dans l'affaire du roi de Na-

---

(1) Pag. 613 et 614.
(2) Tom. 3, pag. 130, édit. de 1728.

varre : « Qu'au procès du duc de Bretagne, au-
» quel les pairs avaient été ajournés, iceux main-
» tinrent devant le roi, que la décision, détermi-
» nation et jugement de la cause leur apparte-
» naient. Requérant qu'il leur en fût accordé
» lettres, ou que si le roi persistait à vouloir dé-
» terminer la cause, et ordonnait le jugement et
» arrêt, qu'il leur fût pareillement accordé un
» acte portant que ce serait sans leur préjudice,
» et sans que le roi acquît un nouveau droit par
» ce moyen. Ce qui leur ayant été accordé de l'a-
» vis général du conseil du Roi, en conséquence
» de la notoriété, les lettres ont été comman-
» dées. »

Montrésor nous a conservé dans ses mémoires (1) la relation d'un procès non moins célèbre.

Lorsque Louis XIII voulut être juge dans le
procès du duc de la Valette, fils du duc d'Éper-
non, et qu'il appela pour cela, dans son cabinet,
quelques officiers du parlement et quelques conseillers d'État, le roi les ayant forcés d'opiner sur
le décret de prise de corps, le président de Bellièvre dit : « Qu'il voyait dans cette affaire une
» chose étrange, un prince opiner au procès d'un

____

(1) Tom. 2, pag. 62.

» de ses sujets ; que les rois ne s'étaient ré-
» servé que les grâces, et qu'ils renvoyaient les
» condamnations vers leurs officiers. Et Votre
» Majesté voudrait bien voir sur la sellette un
» homme devant elle, qui, par son jugement,
» irait dans une heure à la mort ! que la face du
» prince qui porte les grâces, ne peut soutenir
» cela ; que sa vue seule levait les interdits des
» églises ; qu'on ne devait sortir que content de
» devant le prince. »

Lorsqu'on jugea le fond, le même président
dit dans son avis : « Cela est un jugement sans
» exemple, voire contre tous les exemples du
» passé jusqu'à huy, qu'un roi de France ait con-
» damné, en qualité de juge, par son avis, un
» gentilhomme à mort. »

A la vérité, le parlement n'avoua jamais, et ne
pouvait pas avouer les principes du président de
Bellièvre, à qui l'on ne peut refuser le sentiment
dû à une âme courageuse, parce que si celui-ci avait
considéré qu'il vivait sous une monarchie abso-
lue, il n'aurait sans doute pas trouvé à redire à
la conduite de Louis XIII. Mais sous une monarchie tempérée, où les pouvoirs sont exactement
définis, il importe à la sûreté de l'État que celui
qui a la puissance ne puisse jamais disposer de la
règle.

C'est donc une nécessité démontrée de faire cesser cette inégalité dans la condition des parties qui se présentent devant le comité du contentieux. C'est une nécessité, la morale publique le proclame encore, car le Gouvernement et le Conseil-d'État faisant corps, et étant, en quelque sorte, un même individu, il arrive que l'une des parties se trouve assise sur le tribunal qui va prononcer sur le sort de sa partie adverse. En outre, le comité du contentieux étant composé d'hommes amovibles, voyant sans cesse planer sur leurs têtes la crainte des destitutions, n'ose guère lutter contre celui qui tient dans ses mains les destinées de ceux auxquels il demande justice. Quelle doit donc être l'anxiété des citoyens, quand le pouvoir de rendre la justice administrative est placé dans une commission temporaire et révocable ! Déjà, je dois en convenir, le premier pas vers une meilleure organisation a été fait, puisqu'aux termes de l'art. 6 de l'ordonnance du 26 août 1824, les conseillers d'État, maîtres des requêtes et auditeurs, ne pourront être révoqués qu'en vertu d'une ordonnance individuelle et spéciale, rendue par le Roi, sur la proposition du garde-des-sceaux. Toutefois, si les membres du Conseil trouvent, à l'abri de cette disposition, une existence moins précaire et

plus convenable, ils n'en sont pas moins révocables.

Il ne suffirait cependant pas de distraire du
Conseil-d'État le contentieux de l'administration,
il faudrait encore assurer l'indépendance des
membres du tribunal administratif supérieur
contre l'influence quelconque de tout pouvoir ;
et le seul moyen de parvenir à ce but, c'est de
consacrer à leur égard le principe de l'inamovibilité.

Ce principe de l'inamovibilité, si nécessaire dans
les monarchies, et qui est moins une prérogative
du magistrat qu'un droit des citoyens, est aujour-
d'hui l'une des bases fondamentales de notre droit
public. Mais il n'en a pas toujours été ainsi : car ce
ne fut qu'après de longues doléances du peuple, que
Louis XI la proclama comme loi nationale, par
le célèbre édit de 1467, qui portait : *qu'il ne
serait donné aucun office, s'il n'était vacant
par mort ou par résignation volontaire, ou
par forfaiture préalablement jugée ou déclarée
judiciairement selon les termes de justice et
par juge compétent.*

L'héritier présomptif de la couronne, Charles
VIII jura, au lit de mort de son père, d'observer
cette loi comme une des plus essentielles au bien
et à la sûreté de l'État; mais vingt-six années

après, elle fut interprétée, et limitée, par l'édit de 1493, aux fonctions érigées en titre d'office (1).

Ainsi, dès cette époque on établit une distinction entre les juges proprement dits, et les agens de l'administration du royaume. On pensa que s'il était dans l'intérêt des citoyens que les juges fussent inamovibles, il était également dans celui de l'État que les administrateurs fussent révocables. «Tout administrateur, dit M. de Cormenin (2), est l'agent de l'autorité; mieux il obéit à ses impulsions, plus il est fidèle à son mandat. L'intérêt du Gouvernement est son intérêt; la volonté du Gouvernement est sa volonté. »

Mais ceux qui exercent le pouvoir de prononcer, après des débats contradictoires , sur les contestations qui s'élèvent entre particuliers, et entre ceux-ci et le Gouvernement, ne sont pas des administrateurs; ils sont investis du plus beau droit de la société, celui de juger son semblable;

---

(1) Cet édit ordonna que les offices de finances ne seraient plus conférés *en titre*, mais par commission ; et c'est depuis cette époque que les fonctions publiques furent érigées partie en titre d'office, partie par commission : *à titre d'office*, c'est-à-dire par provisions à perpétuité, qui supposaient la permanence des fonctions; *par commission*, c'est-à-dire par des provisions à temps.

(2) *Du Conseil-d'État comme juridiction*, pag. 154.

ils sont donc juges, et comme tels ils doivent jouir du privilége de l'inamovibilité.

L'amovibilité des membres du comité du contentieux a le grave inconvénient de rendre la jurisprudence versatile, de gêner l'amélioration qu'elle pourrait apporter à la législation administrative, d'en remplir les vides, d'en fixer le sens, et d'en régulariser l'application.

« Le droit et les devoirs de la royauté, disait » Louis XVIII, *dans son ordonnance du 15 fé-* » *vrier* 1815, *conférant l'institution aux mem-* » *bres de la Cour de cassation*, nous prescrivent » de remettre à des tribunaux l'administration de » la justice, que plusieurs de nos prédécesseurs » rendirent autrefois eux-mêmes à leurs sujets. » Toute justice émane du Roi; mais nous en dé- » léguons l'exercice à des juges dont la nomina- » tion nous est exclusivement réservée, et aux- » quels *l'irrévocabilité* que notre institution leur » imprime, assure cette indépendance d'opinion » qui les élève au-dessus de toutes les craintes, » comme de toutes les espérances, et leur permet » de n'écouter jamais d'autre voix que celle du » devoir et de la conscience. »

Certes, on n'a jamais exprimé avec autant de force, de précision et de justesse, la salutaire nécessité du privilége de l'inamovibilité.

Maintenant qu'il est reconnu que l'inamovibilité des membres du tribunal administratif supérieur, serait la première condition de leur indépendance, on demande si le Roi devrait, comme aujourd'hui, sanctionner les jugemens que rendrait ce tribunal?

Je ne regarderai jamais comme un acte de peu d'importance, la formalité dont l'omission peut causer la ruine des particuliers. Sans doute, on dira que le vœu le plus ardent du Roi est que les balances de la loi soient égales pour les deux parties; que jamais il n'a refusé d'apposer sa signature sur les bordereaux d'ordonnances que son ministre lui présentait. Je conviens de la vérité de ces propositions, cependant je puis répondre à la deuxième : Oui, le Roi a toujours signé les décisions du conseil; et pourquoi? parce que la commission du contentieux, étant placée dans le Conseil-d'État, se trouve sous l'influence immédiate du Gouvernement; parce que les membres qui composent cette commission, tout recommandables qu'ils sont par leurs lumières et leur position sociale, ne jouissant pas du privilége de l'inamovibilité, suivent, sous peine de destitution, la direction qui leur est donnée. Mais supposons l'existence d'un tribunal indépendant, et qu'à la barre de ce tribunal soit dénoncée une décision

ministérielle, si cette décision vient à être réfor-
mée, ne peut-il pas arriver que le ministre qui l'a
rendue, blessé dans son intérêt, peut-être aussi
dans son amour-propre, fasse retentir ses plaintes
et ses griefs jusqu'au pied du trône, et qu'après
avoir rapporté les faits de sa cause, et caché avec
soin les circonstances qui ont déterminé le tribunal, il gagne, en définitive, son procès, en
démontrant au prince que c'est le cas de refuser sa sanction?

En posant cette hypothèse, je n'ai point cité
un fait; mais les hommes du pouvoir ne sont
point exempts des erreurs et des faiblesses qui
caractérisent l'espèce humaine; ils peuvent,
comme les autres hommes, se tromper, quelquefois même obéir à un sentiment d'irritation ou
d'affection; et que deviendraient alors les garanties que promettait à la liberté civile le bienfait
de l'irrévocabilité, si la fiction prenait un jour la
place de la réalité?

Ainsi, qu'il me soit permis de le dire, la formalité de la sanction rendrait tout-à-fait illusoire
le privilége de l'inamovibilité, qui ne profiterait
plus qu'aux juges et nullement aux citoyens. Je
dis qu'il ne profiterait plus aux citoyens, car les
juges, affranchis de toute influence, prononce-
raient, sans résultat, d'après les inspirations d'une

conscience impartiale, si le prince pouvait refuser sa sanction.

Sous l'ancienne monarchie, le Roi ne signait pas les arrêts du conseil des parties; et, malgré cette absence de la sanction royale, ils avaient, comme les décisions qui émanent aujourd'hui de la commission du contentieux, force d'exécution. Les jugemens et arrêts que rendent aujourd'hui les cours et tribunaux ne sont point soumis à la signature du Roi; et, malgré cela, en ont-ils moins de solennité?

Il faudrait donc donner au tribunal administratif ce dont jouissent les tribunaux ordinaires, une inamovibilité sans restriction, que rien ne pût anéantir. Ce serait enrichir la justice d'une prérogative qui, bien qu'inutile à la couronne, ferait bénir la main qui lui porterait cet hommage.

A la vérité, le tribunal administratif ainsi organisé ne devrait plus rester juge de toutes les matières indistinctement soumises à la commission du contentieux. Il ne conviendrait pas, par exemple, qu'il conservât le droit d'autoriser la mise en jugement des agens du Gouvernement, et celui de statuer sur les conflits. « Loin de nous » d'oublier que nous vivons sous une monarchie,

» dit M. de Cormenin (1); que dans cette monar-
» chie le Roi est la source élevée d'où toute jus-
» tice émane; qu'il est le suprême modérateur
» des deux pouvoirs, administratif et judiciaire;
» que les lois sur lesquelles reposent la division
» et l'indépendance réciproques de ces deux pou-
» voirs, sont le fondement de la société nouvelle,
» la garantie de l'ordre public, et l'asile de la
» liberté même.

» De ces principes il suit que tout tribunal ad-
» ministratif ou judiciaire, s'il est inamovible, ne
» pourrait, sans envahir la prérogative royale, et
» sans bouleverser les rapports actuels des choses
» en France, autoriser la mise en jugement des
» agens du Gouvernement, ni statuer sur les
» conflits.

» C'est au Roi seul qu'il appartient de couvrir,
» s'il y a lieu, le fonctionnaire inculpé, du bou-
» clier de la garantie constitutionnelle, et de pro-
» téger les actes compétens de l'administration,
» par l'exercice modéré du conflit, contre les en-
» vahissemens des tribunaux. »

Quelques personnes ont pensé que les conflits
d'attribution devraient être portés à la Cour de
cassation, parce que c'est à elle que doivent, en

---

(1) *Questions de droit administratif*, tom. 1er, pag. 17.

définitive, aboutir toutes les contestations judiciaires.

C'est, je crois, une erreur, surtout dans l'hypothèse de l'existence d'un tribunal administratif supérieur, dont les membres seraient inamovibles. Ce tribunal, qui serait Cour d'appel pour les décisions émanées des ministres et des conseils de préfecture, serait aussi Cour de cassation pour les arrêts rendus par la Cour des Comptes. Il devrait donc tenir, dans l'ordre administratif, la place que tient la Cour de cassation dans l'ordre judiciaire. Dès-lors, pourquoi attribuer le réglement des conflits plutôt à l'ordre judiciaire qu'à l'ordre administratif? Si l'on craint que le tribunal administratif n'attire à lui les affaires judiciaires, ne pourrait-on pas craindre également que la Cour de cassation n'attirât à elle les affaires administratives? De plus, n'aurait-on pas à redouter, de la part de la Cour de cassation, qu'étant étrangère aux besoins et aux intérêts de l'administration, et accoutumée à faire de la loi une stricte application, elle ne décidât quelquefois, suivant les maximes du droit commun, une question de compétence dont l'exacte solution se puiserait dans des circonstances supérieures commandées par la raison politique? On conçoit donc que, si la raison d'état et l'autorité du droit civil se rencontrent, c'est au Roi seul à qui il appartient, du haut de son conseil, de les combiner, de les balancer l'une par l'autre, de rétablir l'égalité dans la justice distributive, en un mot, de régler les conflits, dont le nombre, le tribunal administratif une fois institué, diminuerait sans contredit, puisque l'autorité n'éleverait plus le conflit que pour le maintien des compétences, et que les particuliers, certains de trouver les mêmes garanties des deux côtés, recevraient indifféremment les juges que le prince leur assignerait.

Un des premiers bienfaits de l'institution du tribunal administratif serait de répandre la lumière dans toutes les parties de la législation administrative, d'amener sans secousses, et par le cours insensible des choses, la réforme de ces lois faites pour les besoins d'une époque désastreuse, et qui ne sont qu'un amas de dispositions incohérentes, ne présentant aux recherches du jurisconsulte que la confusion la plus complète de ce qui est de principe et de ce qui est de réglement. Des lois nouvelles, réunissant la clarté dans leur rédaction à l'unité dans leur ensemble, assureraient désormais à la législation administrative cette sage économie, sans laquelle la règle manque de prévoyance dans son but et d'efficacité dans ses moyens.

D'une législation mieux combinée avec les élémens de notre Constitution, sortirait une jurisprudence plus stable, et dont l'application serait
à la fois plus sûre et plus facile. Les membres de
ce tribunal, que l'inamovibilité mettrait à l'abri de
l'arbitraire des destitutions, porteraient avec confiance leurs méditations sur une étude à laquelle
ils pourraient consacrer leur vie entière (1). Leur
religion, mieux guidée par une instruction plus
complète et une délibération plus indépendante,
que par la lecture rapide et à moitié entendue
d'un projet d'ordonnance rédigé en quelques
lignes, donnerait aux jugemens et arrêts qu'ils
rendraient le cachet d'une conviction éclairée.

L'Etat, quand il s'agirait de ses intérêts, serait
représenté dans ce tribunal, comme dans les tri-

______

(1) Si l'on a quelquefois exprimé le vœu de voir tomber les
affaires contentieuses administratives dans le domaine des tribunaux, c'est qu'on ignorait que l'étude des lois administratives est aussi longue et aussi difficile que l'étude des lois civiles. On citerait en effet un bien petit nombre d'hommes qui
possédassent parfaitement ces deux législations. Il se rencon-
tre dans les matières administratives des spécialités telles
qu'elles présupposent des connaissances techniques dans celui
qui veut les traiter. En général, l'homme versé dans la science
du droit administratif n'est point étranger à celle du droit civil ; tandis que l'homme versé dans la science du droit civil
est souvent étranger à celle du droit administratif.

bunaux ordinaires, par un procureur ou commissaire général et des commissaires du Roi qui, au besoin même, suppléeraient aux défenses produites par les ministres.

La présidence du tribunal administratif supérieur appartiendrait, comme aujourd'hui, au ministre de la justice. « Elle aurait, dit fort bien le savant légiste que j'ai plusieurs fois cité dans le cours de ce travail (1), d'abord l'avantage de faire rejaillir sur ce tribunal plus de considération et plus d'éclat. Elle serait d'ailleurs sans inconvénient, puisqu'il est le seul de tous les ministres qui ne rende pas de décisions en matière contentieuse, et qui, par conséquent, ne soit pas exposé à paraître comme partie devant le tribunal où il serait assis comme juge. Elle faciliterait, de ministre à ministre, d'administrateur à administrateur, la communication des pièces et renseignemens déposés dans les bureaux de chaque ministère. »

L'institution du tribunal administratif supérieur conduirait encore à la réorganisation des conseils de préfecture. Il serait à desirer que ces tribunaux eussent une procédure fixe et uniforme;

____

(1) M. de Cormenin, *Du Conseil-d'État comme juridiction*, pag. 166.

que chaque conseil de préfecture ne décidât pas par ses usages; qu'il n'y eût pas autant de modes de procéder devant eux que de conseils de préfecture, en un mot, qu'il y eût une marche légale pour tous. Les améliorations que nécessiteraient ces tribunaux de première instance, eu égard au Conseil-d'État, pourraient être l'objet d'un travail spécial, qui mériterait de fixer l'attention de l'autorité.

CONCLUSION.

Des observations qui précèdent, il résulte :

1°. Que le Conseil-d'État ne peut, sous l'empire de la Charte constitutionnelle, interpréter la loi, parce que si le pouvoir d'interpréter la loi, par voie d'autorité, était donné à un corps, ou à un individu autre que celui qui est revêtu du pouvoir législatif, ce corps ou cet individu trouverait facilement les moyens de se rendre le seul législateur.

C'est, au surplus, ce que, dans son impartialité ordinaire, semblait dire M. le comte Portalis (1), en possession aujourd'hui du ministère de la justice, où l'appelaient depuis long-temps les vœux des amis du trône et des sages doctrines. « Il a paru au Conseil-d'État, disait-il, que *dans* » *son organisation actuelle*, il manquait de » l'autorité nécessaire pour donner une interpré- » tation à laquelle appartient le caractère légis- » latif qu'avaient autrefois les réglemens d'admi- » nistration publique. »

____

(1) Séance du 1ᵉʳ mars 1827 à la Chambre des pairs.

2°. Que la commission du contentieux devrait être érigée en tribunal administratif supérieur, dont les membres seraient inamovibles, et dont les jugemens, rendus au nom du Roi, comme ceux des tribunaux ordinaires, seraient en dernier ressort, et exécutoires par eux-mêmes, sans le secours de la sanction royale.

Voici comment s'exprimait à cet égard M. le comte Roy (1), homme habile et laborieux, que l'estime du prince et la confiance de la nation ont rappelé au ministère, après une trop longue absence :

« Le Conseil-d'État, tel qu'il existe depuis la » Charte, n'est établi que par des ordonnances.

» S'il n'est que le conseil du prince, qu'une » partie utile, qu'un degré de l'administration, le » Roi, le chef de l'administration du royaume, » peut en déterminer seul l'institution et l'organi- » sation. Les Chambres pourront seulement en » voter la dépense d'après l'opinion qu'elles au- » ront de la nature et de l'importance de ses » attributions, et du nombre nécessaire de ses » membres.

» Mais si le Conseil-d'État devait directement

---

(1) Pag. 22 du discours de M. Roy, rapporteur de la commission du budget de l'année 1818.

» ou indirectement statuer sur des intérêts privés;
» si les parties devaient se soumettre à ses déci-
» sions; si les agens de l'administration ne pou-
» vaient être poursuivis sans son autorisation; si,
» exerçant sa supériorité sur les tribunaux, dont
» le pouvoir est indépendant, il pouvait régler les
» matières et les cas de l'exercice de ce pouvoir,
» et se créer une juridiction dont il serait seul
» l'arbitre, alors sa nature changerait; alors son
» existence dans l'État deviendrait plus impor-
» tante et plus grande; alors il ne pourrait tenir
» de telles attributions que de la loi, et ses mem-
» bres devraient nécessairement être inamovibles
» et indépendans de l'administration : car, si toute
» justice émane du Roi, elle ne peut être rendue
» par lui, mais par des juges inamovibles qu'il
» institue, etc. »

Voici comment s'exprimait encore un ancien député long-temps ministre (1) :

« Que le Gouvernement ait un *conseil*, que
» l'administration ait un *tribunal*, pour juger la
» validité de ses actes, je ne combattrai pas cette
» opinion; mais que, si ce *tribunal* peut pro-
» noncer sur ma propriété, il soit organisé par la
» loi, contraint de juger d'après les lois, et que les

---

(1) Voir la séance de la Chambre des députés du 24 avril 1818.

» membres qui le composent *soient inamovibles*
» *et hors de la dépendance du Gouvernement :*
» *car la Charte nous a assuré cette garantie,*
» *et elle nous est d'autant plus nécessaire ici,*
» *que ce tribunal doit connaître de nos contes-*
» *tations avec le Gouvernement lui-même* (1). »

Il faut donc considérer le Conseil-d'État sous deux points de vue bien distincts, je veux dire comme conseil du prince et comme juridiction. Je crois avoir démontré la nécessité de placer cette juridiction en dehors du Conseil-d'État, et de la rendre indépendante. Quant au conseil du prince, je pense qu'au prince seul appartient le droit de choisir ses conseillers, d'honorer de sa confiance les sujets qu'il en croit dignes, comme de la retirer à ceux qui, à ses yeux, auraient démérité. C'est un droit personnel dont on ne

---

(1) Cette question si grave, et qui me semble tenir essentiellement à l'ordre public et même à l'ordre constitutionnel, n'est pas jugée de la même manière par tous les esprits. On se rappelle qu'à la séance de la Chambre des députés, du 24 avril 1818, M. Benoist, conseiller-d'état, directeur-général des contributions indirectes, homme éclairé autant qu'homme de bien, manifesta une opinion longuement motivée, tout-à-fait contraire à celle que je viens d'exposer, et que son opinion mérita de fixer l'attention des membres de la Chambre, puisque l'impression en fut ordonnée.

saurait le priver, sans faire du Roi de France un simulacre de Roi.

Telles sont les améliorations que je crois devoir signaler dans l'intérêt général. Loin d'offenser en rien les prérogatives de la couronne, elles les affermiront au contraire; car le Roi le plus fort est celui qui gouverne au nom de la justice : « Les États ne fleurissent que par la justice, » disait l'immortel auteur de la Charte (1); elle » fait au dehors la gloire et la force des em- » pires; c'est elle qui au dedans est la plus » sûre garantie de l'honneur et de la fortune » des citoyens, et le lien commun des familles. » La part du Conseil-d'État sera assez belle encore : rendu à ses véritables et éminentes fonctions, il s'occupera de la préparation des projets de lois, d'ordonnances et des projets de décisions, en matière purement administrative; il soulagera les ministres au milieu de leurs longs et pénibles travaux, les éclairera sur les matières qu'ils soumettent à son examen, et maintiendra entre le Roi et ses sujets les sentimens d'une heureuse harmonie. C'est ainsi qu'il justifiera la haute estime dont il sera l'objet, et qu'il acquerra des titres sacrés à la reconnaissance publique.

______

(1) Préambule de l'ordonnance royale du 15 février 1815, contenant institution des membres de la Cour de cassation.